세상에 대하여
우리가
더잘 알아야 할
교양

83

지은이 소개

지은이 **필립 스틸**

1948년 영국 서레이주의 도킹에서 태어났고 유니버시티 칼리지에서 현대 언어학을 전공했습니다. 런던의 여러 출판사에서 편집자로 일했고, 1980년대부터 프리랜서 작가로 진로를 정하고 이후 출판 컨설팅 회사를 설립했습니다. 역사, 자연, 사회 문제, 민족 및 문화 분야에 걸친 광범위한 주제로 다수의 어린이 정보책에 글을 써왔고, 저서로는 《세더잘 시리즈 65 인구 문제, 숫자일까, 인권일까?》 《세더잘 시리즈 66 기후 변화, 자연을 상품으로 대하면?》 《세더잘 시리즈 76 식량 안보, 국가가 다 해결할 수 있을까?》 《가보고 싶은 세계의 건물들》 《타보고 싶은 세계의 탈것들》 《피라미드는 왜 뾰족할까요 왜 그런지 정말 궁금해요》 《이집트-신나는 역사 여행》 《고대 이집트의 비밀 미라》 《언론의 자유》 《갈릴레오 갈릴레이-우주의 중심을 바로잡은 천재과학자》 《종이로 만드는 기차의 역사》(공저) 등이 있습니다.

옮긴이 소개

옮긴이 **윤영**

서울대학교 미학과를 졸업하고 같은 대학원에서 고고미술사학과를 수료했습니다. 현재 번역 에이전시 엔터스코리아에서 출판기획자 및 전문번역가로 활동하고 있습니다. 옮긴 책으로는 《과학 속 슈퍼스타》 《얼렁뚱땅 세계사 시리즈》 《세계 문화 여행: 일본》 《세계 문화 여행: 홍콩》 《세상의 끝에서 에덴을 발견하다》 《사랑해, 나는 길들여지지 않아》 《좀비 아이 1-2》 《살아남은 자들 1-6권》 《마녀 클럽 시리즈 1-4권》 《딩크던컨과 미스터리 수사대 시리즈》 《톰보이》 《타임리스 1-2권》 《쿵푸팬더 3 무비스토리북》 《그림 그리기는 즐겁죠》 《The Art of 인크레더블2》 등 다수가 있습니다.

세상에 대하여 우리가 더 잘 알아야 할 교양

필립 스틸 글 | 윤영 옮김

83

물

아직도 부족할까?

내인생의책

차례

※ 본문의 **굵은 글씨**로 표시된 단어는 92페이지 용어 설명에서 찾아보세요.

들어가며 : 물에 대해 이야기해 볼까

물은 색이 없습니다. 냄새도 없습니다. 우리는 매일 물을 사용하는 데도 좀처럼 물에 대해서 생각하지 않습니다. 물이 있기에 우리와 이 세상은 생명을 유지하고 살아있지요. 물이 없다면 우린 존재할 수 없습니다.

지구를 형성하는 것

우주에서 보면 지구는 파랗습니다. 군데군데 하얀 구름도 있습니다. 그리고 소금기 있는 바닷물이 지구 표면의 약 70퍼센트를 덮고 있는 게 보입니다. 그 물은 수십억 년에 걸쳐 지구의 바위와 계곡, 언덕 그리고 해안과 땅을 만들어왔지요.

> '최고의 선(善)은 물과 같다. 물은 만물에 혜택을 준다.'
>
> 노자, 중국 철학자, BEC[1] 604~531년

---

[1] 기원후는 AD(라틴어: Anno Domini, 주의 해)로, 기원전은 BC(영어: Before Christ, 예수 이전)를 주로 써왔다. 그러나 최근 종교에 대해 중립적인 입장을 표명하기 BC 대신 BCE(Before Common Era, 공통 시대 이전)로 대체하기도 한다.

태국 수도 방콕의 주요 도로가 홍수로 잠겨 차량이 엉금엉금 기어가고 있다. 매년 동남아시아는 몬순 때문에 홍수를 겪습니다.

물은 생명이다

지구상의 최초의 생명은 42억 년에서 35억 년 전쯤 물속에서 잉태되었습니다. 이후 약 4억 4천5백만 년 전, 온갖 생물 형태가 물속에서 진화하여 육지로 나오기 시작했지요.

지구의 기후 역시 물과 태양이 만듭니다. 강수량은 한 지역에 서식하는 동식물의 삶을 결정짓습니다. 그리고 물과 기후는 인간의 삶 모든 측면에 영향을 끼칩니다. 인구수, 거주하는 지역과 삶의 방식, 보건, 농사와 음식, 에너지와 산업, 그 모든 것에 말이죠. 세계의 많은 인류가 해안이나 그 근처에 삶의 거주지를 두고 있습니다. 하지만 때로는 폭우와 거센 바다가 절망적인 수해를 일으키죠.

치명적인 질병

더러운 물에는 죽음을 초래하는 벌레가 있을 수 있습니다. 주혈흡충은 빌하르츠라는 질병을 불러일으킵니다.

머나먼 길

수도 시설이 없는 곳에 거주하는 사람은 물을 얻기 위해 우물까지 먼 거리를 걸어가야 합니다. 때로는 수 킬로미터를 넘게 걸어가야 하죠.

에티오피아 가요 마을(Gayo Village)의 부인과 어린 소녀 들이 비 온 웅덩이에서 물을 길어 나르고 있습니다.

수력 자원

흐르는 물은 수천 년 동안 방앗간이나 공장의 동력원으로 사용되었습니다. 오늘날 우리는 태국에 있는 팍문 댐(위)처럼 거대한 댐을 건설하여, 물의 낙차를 이용해 전기를 생산합니다.

세계의 기후가 변하고 있습니다. 우리가 사용하는 물의 양과 인구도 나날이 증가하고 있지요. 앞으로 우리는 물에 관한 다양한 면을 살펴보고 관련된 이슈에 대해 분석하고 논의할 것입니다. 꼭 한 번 고민해 봐야 할 중요한 질문이 포함되어 있어요. 어디 한번 이야기해 보자고요.

그래서, 물이 뭐라고?

물의 화학식은 H_2O입니다. 물 분자는 산소 원자 하나와 수소 원자 두 개가 결합하였다는 뜻입니다. 물은 액체 상태로, 때로는 고체(얼음) 그리고 기체(수증기) 상태로 존재합니다. 바닷물에 소금이 녹아 있는 것처럼 물에는 다양한 미네랄과 여러 물질이 녹아 있습니다. 그중에서도 염분이나 물에 녹아 있는 유기·무기 물질이 매우 적은 물을 **담수**(민물)라고 부릅니다. 우리는 이 담수로 마시고, 씻고, 요리하고, 식물을 키웁니다.

지구가 사진 크기일 때 지구 전체의 물의 양을 물방울로 표시하면 이 정도 크기입니다.

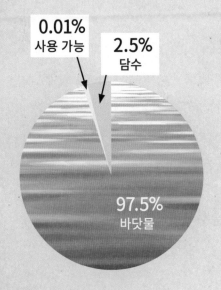

0.01%
사용 가능

2.5%
담수

97.5%
바닷물

1. 지구상에 있는 물의 총량 :
14억km³(바닷물 97.5%, 담수 2.5%)

2. 담수 총량 : 3,500만km³
(담수 중에 69.55%가 빙하, 만년설, 영구동
토 등으로 되어 있어 사용 불가능에 가까
움, 30.96%가 지하 깊이 있어 쉽게 사용할
수 없음, 담수 가운데 0.39%만 이용가능함)

3. 사실상 지표면 전체 물의 총량에
서 0.01%만 인류가 사용 가능합니다.

담수의 원천

담수는 지구상의 모든 물에서 2.5퍼센트밖에 차지하지 않습니다. 게다가 담수의 상당량이 북극과 남극 주위에 있는 빙하의 모습으로 일 년 내내 얼어 있습니다. 우리가 쓸 수 있는 담수는 지구 전체의 0.01퍼센트가 안 되는 아주 적은 양입니다. 주로 호수나 강, 지하수에 있지요.

물은 왜 필요할까?

사람이 생명을 유지하려면 물을 마셔야 합니다. 온화한 기후에 사는 건강한 성인에게는 매일 최소 1.5리터의 물이 필요합니다. 우리의 혈액과 체세포에도 물이 포함되어 있고, 음식을 소화하는 화학적인 과정에도 물이 필요합니다. 물은 음식에서 온 **영양분**을 세포 곳곳으로 전달하기도 합니다. 또 필요 없는 물을 소변으로 배출합니다. 체온을 일정하게 유지하는 데도 유용합니다. 예를 들면 땀을 흘리는 거죠. 게다가 우리 신체를 충격으로부터 보호해 주고 관절의 원활한 움직임에도 기여를 합니다.

성인 신체의 50에서 65 퍼센트는 물로 이루어져 있습니다. 우리의 뇌는 거의 90퍼센트가 물입니다.

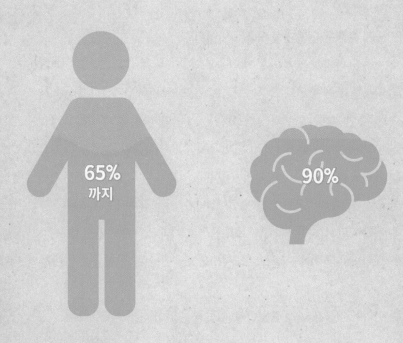

65%
까지

90%

물의 순환

물의 양은 **한정적**입니다. 이미 정해져 있는 양이 그 모습만 바뀔 뿐, 우리가 새롭게 만들 수 없습니다. 지구상의 물은 태양이 만들어 낸 열의 순환 속에서 끊임없이 움직여요.

물의 순환은 어떻게 일어나는 것일까?

① 지구 표면의 액체 상태 물이 태양에 의해 데워져 수증기로 변합니다.

② 따뜻한 기체가 위로 올라가듯 수증기도 대기 중으로 올라갑니다.

③ 상승한 수증기는 차가워집니다. 그러면 다시 아주 작은 물방울로 변하죠. 이렇게 구름이나 안개가 만들어집니다.

④ 물방울은 서로 뭉치면 무거워집니다. 이것이 비의 형태로 또는 얼어서 우박, 눈, 진눈깨비의 형태로 땅에 떨어집니다. 이걸 **강수**라고 부릅니다.

⑤ 어떤 곳에서는 빗물이 모여 호수를 이루거나 지하수로 저장됩니다.

⑥ 빗물은 샘처럼 솟아오르기도 하고, 개울이나 강에 합류해 바다까지 흘러갑니다.

⑦ 바다에서 물은 다시 **증발**합니다. 물의 순환이 다시 시작됩니다.

물의 세 가지 상태

지구에는 기온대가 분포되어 있기에 물의 상태도 세 형태로 존재합니다. 액체인 물, 고체인 얼음, 기체인 수증기로 말이죠.

좋기도 나쁘기도

인류의 진보는 늘 물의 순환에 의지해 왔습니다. 하지만 가끔은 비싼 대가를 치러야 했죠. 수천 년간 인류는 강 근처에 정착해 살아왔습니다. 마실 물도 확보하고 농작물에 쉽게 물을 댈 수 있었기 때문이죠. 중국의 황허 강만 봐도 알 수 있어요. 강물이 범람한 뒤에 황허강 가는 농작물이 잘 자라는 비옥한 땅으로 변합니다. 하지만 수 세기 동안 이 범람 때문에 수백만 명의 사람이 목숨을 잃어야 했습니다. 인류는 늘 물을 이용할 뿐만 아니라, 그것을 잘 다루려고 분투해왔습니다.

'물은 모든 자연의 원동력이다.'

레오나르도 다빈치, 이탈리아 미술가, 조각가, 과학자 1452~1519

1장 물의 접근성

이구아수폭포입니다. 아르헨티나와 브라질의 경계에 있습니다. 나이아가라폭포, 빅토리아폭포와 함께 세계 3대 폭포입니다. 총 275개의 폭포이며, 그중 '악마의 목구멍(Gargantadel Diablo)' 폭포가 80m로 가장 높은 폭포입니다. 12개의 폭포가 동시에 떨어져 큰 굉음을 내 악마의 목구멍이라 칭합니다. 세상의 물은 이구아수폭포처럼 높은 데서 낮은 데로 흐를까요?

후버댐은 미국의 네바다주와 애리조나주 사이에 있어요. 후버 댐 건설로
미드 호수가 생겼고, 미국에서 가장 큰 저수지가 되었습니다.

수

도꼭지에서 나온 물

물을 모아서 저장해야 합니다. 규모가 작으면 한 가정이나 마을에서 쓸 용도로 큰 통이나 수조, 물탱크에 빗물을 모읍니다. 하지만 주요국의 도시처럼 규모가 커지면 거대한 저수지가 필요합니다. 저수지를 조성하려면 강이나 호수를 댐으로 막아서 물을 저장해야 합니다.

한 사람당 하루 물 소비량(L)

유엔 권장 한 사람당 하루 소비량 50L

아프리카 20L

한국 333L(2010년)

영국 160L

물을 깨끗하게

저수지 물은 사용하기 전에 특별한 공정을 거쳐야 합니다. 물속에 있는 작은 알갱이를 가라앉히고 나뭇가지나 나뭇잎을 걸러야 합니다. 물을 여러 층의 거친 모래와 고운 모래에 차례로 통과시키고 질병을 일으키는 박테리아나 미생물을 죽이기 위해 염소나 하이포염소산염 같은 화학물질을 첨가합니다.

수도관을 거쳐 집까지

큰 상수관을 통해 수송된 물은 각 건물에 있는 수도관으로 흘러갑니다. 이 물은 중앙난방 장치에서 사용되고, 수도꼭지의 온수, 냉수 버튼을 통해 흘러나와 욕실, 부엌, 세탁기 등에 사용됩니다. 이렇게 몇 가지 바꾸지 않아도 사람의 물에 대한 접근성이 좋아지고, 사람들의 삶이 편리해집니다.

편리한 접근성

많은 나라에서는 상수도 시스템을 마련하여 사람들의 집까지 물을 수송합니다. 수도꼭지만 틀면 물이 콸콸 나오는 거죠.

수도의 장단점을 따지자면

- 깨끗해서 대중의 보건에 좋다.
- 편리하며 접근성이 좋아졌다.
- 재활용해서 다시 사용할 수 있다.

- 필요한 양보다 더 많이 쓴다.
- 유지와 보수에 돈이 많이 든다.
- 여전히 세계의 많은 지역에서 활용하지 못하고 있다.

우물에서 펀 물

주요국에서는 약 87퍼센트 정도의 사람이 수도꼭지에서 나오는 깨끗하게 관리된 물을 씁니다. 하지만 어떤 곳은 이야기가 다릅니다. 세계 인구의 3분의 1, 그러니까 25억 명에게는 집에서 수도를 사용하는 건 꿈속에서나 나오는 일이지요.

자연 수원

그들은 그 대신 샘, 강, 우물 같은 자연적인 공급원에서 물을 얻습니다. 땅을 깊이 파면 세계의 많은 지역에서 물을 얻을 수 있습니다. 세계에서 가장 큰 사막, 사하라 땅 밑에도 지하수가 있어요.

모래 언덕에 둘러싸인 이 오아시스는 페루 남부, 태평양과 가까운 이카라는 지역에 있습니다.

지하수

물이 바위, 자갈, 모래에 스며들거나 빗물이 땅 밑으로 흘러내려 물이 모인 지층을 **대수층**이라고 합니다. 대수층 가운데 물이 오르락내리락하는 지표면과 가장 가까운 윗면을 **지하수면**이라고 부릅니다. 일반인이 직접 손으로 땅을 깊이 파는 건 위험합니다. 현대적인 굴착기를 이용하면 훨씬 안선하지만 비용이 듭니다. 기술자는 대수층까지 땅을 파 들어갑니다. 물이 주변 바위 때문에 압력을 받고 있으면 물이 지면까지 자연적으로 솟아오릅니다. 그렇지 않다면 펌프를 이용해야 합니다.

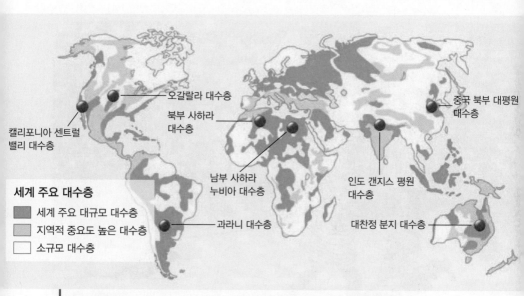

미국항공우주국(NASA)에 따르면 세계의 주요 대수층의 지하수 3분의 1 이상이 고갈 위험에 처해 있다고 한다.

물을 길어 짊어지고

우물이 마을에서 멀리 떨어져 있으면, 매일 무거운 물통을 짊어지고 몇 시간을 걸어야 해요. 힘들기도 하지만 시간이 아깝습니다. 그 시간에 학교에 가거나 농사를 지을 수도 있으니까요. 그래서 땅에서 끌고 갈 수 있는 바퀴 모양 플라스틱 물통이 발명되기도 했습니다. 우물에서 먼 곳에 사는 사람들은 새 우물이 필요하지만 그 지역에 새 우물을 팔 정도의 충분한 물이 없을 수도 있습니다. 이것이 **지속 가능한** 물 공급이 필요한 이유입니다. 물은 높은 데서 낮은 데로 흘러야 한다는 말이 꼭 위치에 한정해서 하는 얘기가 아닙니다.

큐드럼(Q-drum)은 물 원통 구멍에 끈이 연결된 물통입니다. 모양이 알파벳 큐(Q)와 비슷하여 그렇게 이름을 지었습니다. 남아프리카공화국의 헨드릭스 형제가 발명하였습니다. 한 번에 약 50리터의 물을 담을 수 있고, 운반하는 데에 힘이 덜 듭니다. 물 부족 국가 국민의 삶의 질을 개선한 적정 기술의 대표적인 사례로 꼽힙니다.

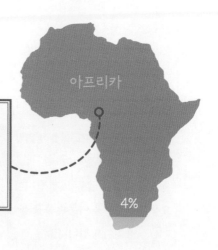

아프리카

아프리카에서는 접근 가능한 수자원의 4퍼센트만 활용하고 있습니다.
우물, 수도관, 펌프, 저수지가 부족하기 때문이지요.

4%

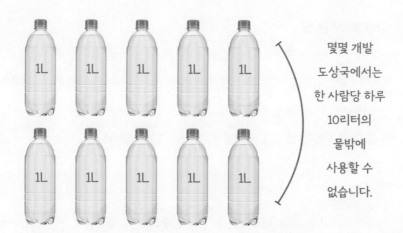

몇몇 개발
도상국에서는
한 사람당 하루
10리터의
물밖에
사용할 수
없습니다.

- 오지에 있는 사람도 삶을 영위할
  수 있게 합니다.
- 농작물에 물을 댈 수 있게 합니다.
- 요즘은 태양광을 이용해 물을 끌어
  올리기도 합니다.

- 대수층 물을 다 쓰면
  우물이 마릅니다.
- 물을 들고 옮겨야 합니다.
- 오염되거나 더러워질 수
  있습니다.

바다에서 온 물

우리가 바닷물을 마실 수만 있다면 물 부족 문제를 일거에 해결하겠죠. 하지만 그럴 수가 없어요. 최소한 쉽게 그럴 수 없어요. 바닷물은 소금기가 있어 마시면 안 됩니다. 일부 강이나 호수도 염분이 섞여 있을 수 있습니다. 짠 물은 농작물을 망치기 때문에 농수로도 적절치 않습니다.

여과하기

바닷물에서 소금을 제거하는 과정을 **담수화**라고 부릅니다. 여기에는 다양한 산업 공정이 사용됩니다. 그중 한 가지가 역삼투법입니다. 우선 바닷물을 걸러낸 다음, 아주 높은 압력으로 나선형 멤브레인(막)을 통과시키는 것이지요. 일반적으로 해수 2리터로 담수 1리터를 만들 수 있습니다.

역삼투법

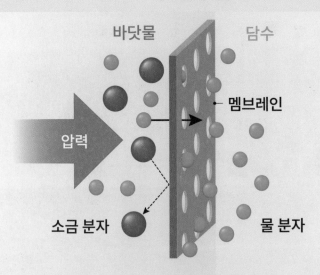

바닷물   담수

멤브레인

압력

소금 분자   물 분자

이 튜브에는 멤브레인이라는 특별한 막이 달려서, 역삼투법을 이용하면 아주 작은 입자도 걸러낼 수 있습니다. 바닷물도 마실 수 있는 물로 바뀌는 거죠.

담수화

최근 몇 년 사이 대규모 담수화에 사용되는 기술이 굉장히 발전했습니다. 현재는 사우디아라비아와 스페인을 포함해 120개 국가에서 담수화를 이용하고 있어요. 강수량이 적고 **가뭄** 위험이 큰 지역은 앞으로 해수 담수화 기술 사용이 늘어날 듯합니다.

일반 가정에서 냄비나 직접 만든 담수화 장비를 이용해 물을 얻을 수도 있습니다. 저장 용기에 담겨 있는 물을 태양열로 데우거나 끓이면 액체인 물은

이 큰 규모의 담수 처리 공장은 대서양과 접해 있는 스페인 란사로테섬에 있습니다.

수증기로 바뀌고 소금과 다른 입자만 남게 됩니다. 수증기가 관을 지나 차가운 용기로 옮겨가면, 마실 수 있는 물 상태로 응결됩니다. 이 과정을 증류라고 합니다.

대규모 담수화 공장의 장단점을 따지자면

· 지구에서 가장 방대한
수자원을 이용할 수 있습니다.
· 담수 공급원 고갈을 줄일
수 있습니다.
· 훨씬 향상된 기술을
사용합니다.

· 해안이나 섬에만
건설할 수 있습니다.
· 시공에 천문학적인 비용이 듭니다.
· 고농축된 소금물과
오염 물질이 남습니다.

바닷물
1킬로그램에는
35그램의
소금이 녹아
있습니다.

아프리카 탄자니아의 바라자니 마을, 한 십대 청소년이 공동 우물에서 더러운 물을 담고 있습니다.

빈곤 퇴치하기

유엔에 따르면 2025년경에는 전 세계 18억 명의 인구가 심각한 물 부족 상태에 이를 것이라 합니다. 누가 가장 큰 타격을 받을까요? 바로 극빈국의 국민입니다.

물에 대한 접근성이 좋지 않다면 농사, 보건, 교육, 새로운 산업 조성 등 모든 게 힘이 듭니다. 물 부족은 경제적 빈곤을 의미합니다.

가난한 농부나 목축업자는 새 우물을 파서 유지할 경제적 규모가 안 됩니다. 이런 이유로 많은 국제기구가 물 부족 지역에 새 우물을 파도록 자금을 지원해 줍니다.

세상의 물은 전 세계에 골고루 분포되어 있지 않습니다. 세계 인구의 60퍼센트가 작물 재배에 필요한 물조차 부족한 지역에 거주하고 있습니다.

새 우물이 언제나 해답일 수 없습니다. 파는 것도 힘들고 유지하는 데도 많은 경비가 들기 때문이죠. 대수층 물을 많이 사용하여 물줄기가 마를 수도 있습니다. 또한 물 공급이 지속 가능하지 않은 지역에 사람을 살게 해, 오히려 빈곤의 장기화를 초래할 수 있습니다.

물 부족은 빈곤의 많은 원인 중 하나입니다. 불공정한 무역 협정, 부패, 나쁜 정부, 전쟁, 이 모든 게 인류의 진보를 방해합니다. 빈곤을 물리치기 위해 광범위한 정치적 문제도 해결될 필요가 있습니다.

'물은 지속 가능한 성장에……
그리고 빈곤과 기아의 완화에 필수적이다.'

유엔

2장 물과 기후

이 그림에는 1825년 네덜란드 로테르담의 얼어붙은 운하에서
스케이트 타는 사람이 등장합니다. 당시 겨울은 지금보다 훨씬 추웠습니다.

ㄸ 거워지는 지구

날씨는 우리가 매일 겪는 것으로, 비가 오거나 맑은 상태를 말합니다. **기후**는 더 오랜 기간, 예를 들어 30년 이상 특정 지역의 날씨 패턴을 말합니다. 물은 지구의 기후 시스템에서 아주 중요한 역할을 하지요.

빙하기와 온난화

물론 기후도 변화할 수 있습니다. 늘 그래왔고요. 과거 지구는 **빙하기**였던 적이 있습니다. 그리고 그 이후 간빙기 동안 다시 따뜻해졌습니다. 이제 지구는 다시 차가워져야 하는데 그러지 않고 있습니다. 오히려 기온이 오르고 있습니다. 세계의 기온은 1800년대 산업혁명 때부터 오르기 시작했고 지금도 계속 치솟고 있습니다. 이는 우리 기후의 자연적인 변동성 때문일까요? 97퍼센트 이상의 과학자는 그렇게 생각하지 않습니다. 과학자들은 인간의 활동 때문에 기후변화가 일어났다고 주장합니다.

'온실효과'의 원인

많은 사람이 이산화탄소(CO_2) 같은 가스를 주요 원인으로 봅니다. 이산화탄소는 공장 굴뚝, 산불, 비행기, 자동차, 건설 현장에서 뿜어져 나옵니다. 그런 다음 대기 중에서 서로 모입니다. 태양에서 온 열기가 지구 표면에 반사되어 나가야 하는데, 이 **온실가스**가 열기를 가둬서 튕겨 나가지 못하게 막는 것이지요. 이렇게 반사된 열기는 대기를 더욱 뜨겁게 달구어 기후변화를 일으키고 만년 빙하를 녹입니다.

온실가스

많은 사람이 차나 공장에서 내뿜는 오염 가스를 온실효과의 원인으로 꼽습니다.

수치 분석

지구의 육지와 해수면 온도는 1880년 이후 약 0.65도에서 1.06도쯤 상승했습니다.

이산화탄소의 장단점을 따지자면

· 지구 생명체의 자연 순환의
  일부입니다.
· 바다가 많은 양을 흡수합니다.
· 거대한 열대우림이 상당 부분을
  흡수합니다.

· 지구를 과열시키는 가스
  중 하나입니다.
· 바다를 더욱 산성화합니다.
· 세계 열대우림이 파괴되어 날로
  증가하고 있습니다.

물의 폐해, 메마른 땅

과거 인류의 활동은 물과 관련된 문제를 일으켜왔습니다. 과도한 방목이나 **집약 농업**은 때로 초목과 흙 속의 수분을 가둬 놓는 식물의 뿌리를 망쳐놓아, 땅을 사막이나 **건조지대**로 바꿔 놓았습니다. 강 유역에 있는 나무를 베면 토사가 침식되는데, 이는 하류에 끔찍한 범람을 일으킬 수 있습니다.

가뭄과 홍수

과학자들은 인간이 만들어 낸 기후변화 때문에 새로운 가뭄, 홍수, 극단적인 폭풍우의 시대가 올 거로 예측합니다. 실제로 이미 이런 광경이 눈에 띄기도 하지요. 세계가 더워지면 공기는 열을 받아 팽창하고, 비를 내릴 수 있는 수증기도 더 많이 함유하니까요. 기후변화의 영향은 예측이 어렵습니다. 지역에 따라 영향 받는 방식이 다 다르고, 자연적인 차이 때문에 어떤 곳이 다른 곳보다 더 심각한 영향을 받습니다. 태평양에서 일어나는 엘니뇨현상도 마찬가지입니다.

예측 불가의 날씨

대기 중으로 방출되는 에너지가 많아질수록, 허리케인 같은 극단적인 기상 이변도 증가합니다.

패턴의 변화

과거에 종종 가뭄을 겪었던 지역은, 비가 더 안 오고, 푹푹 찌는 폭서 기간이 점점 더 길어지고 더 더워지고 있습니다. 원래의 기후가 변하고 있어 그 누구도 언제 무슨 농작물을 심어야 할지 결정할 수 없게 되었습니다. 비가 오더라도 땅이 딱딱하게 굳어 있어 스며들지 못하고 홍수가 날 수 있습니다. 인간이 혹시 가장 좋은 친구인 물을 최악의 적으로 만들어 버린 건 아닐까요?

심각한 가뭄

남아프리카공화국 크루거 국립공원, 동물의 뼈가 여기저기 뒹굴고 있습니다.
길어진 가뭄은 사람과 동물의 생존을 위한 물까지 위협하고 있습니다.

엘니뇨 때문에 생긴 남아프리카의 오랜 가뭄이 식량 공급과 공중 보건을 위협하고 있습니다. 오른쪽 지도를 보면 2000년도와 2015년도 사이 기온이 얼마나 상승했는지 알 수 있습니다. 붉게 표시된 지역은 이 기간에 평상시보다 훨씬 더웠던 곳을 나타냅니다. 2016년까지 말라위, 짐바브웨, 남아프리카공화국 등의 약 1,400만 명이 가뭄으로 고초를 겪어야 했습니다.

아프리카

말라위
짐바브웨

남아프리카
공화국

기후변화의 단점을 따지자면

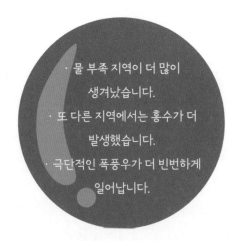

· 물 부족 지역이 더 많이
  생겨났습니다.
· 또 다른 지역에서는 홍수가 더
  발생했습니다.
· 극단적인 폭풍우가 더 빈번하게
  일어납니다.

바다에서 일어나는 문제

바다는 우리 기후의 거대한 엔진입니다. 난류와 한류가 적도와 극지방 사이를 순환하고 있습니다. 그중에서 북대서양해류는 북서 유럽의 해안을 따뜻하게 데우고, 그 지역을 온화한 기후로 만들어 줍니다. 계절풍인 몬순은 인도양의 수증기를 몰고 가서 남아시아의 건조한 지역에 폭우를 내리게 합니다.

해류의 순환

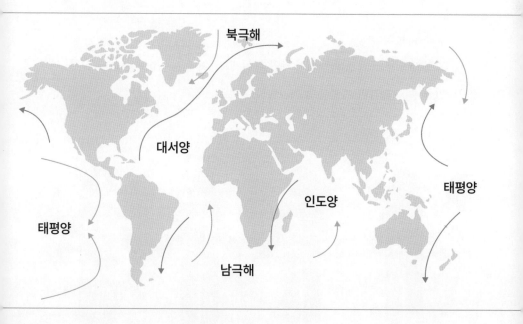

이 지도는 따뜻한 물(빨간색)과 차가운 물(파란색)을 이동시키는 주요 해류의 흐름을 보여 줍니다.

바다의 변화

지구 온난화 문제에 있어서 바다는 우리에게 고마운 존재입니다. 바다는 처음부터 이산화탄소를 많이 흡수하고 있었습니다. 문제는 이제는 바다의 이산화탄소 수치가 현재 높아져서 점점 산성화되고 있다는 점입니다. 이는 산호섬 같은 해양 서식지에 해를 끼치게 됩니다. 온도가 높아지면서 바다 부피도 팽창하고 있습니다. 또 그 때문에 해수면이 높아져 저지대나 섬이 범람하기도 합니다. 태평양 산호섬의 경우, 높아진 바닷물이 담수 대수층까지 스며들어 대수층이 수원인 우물을 폐정, 못쓰게 하였습니다.

수치 분석

세계 인구의 약 23퍼센트가 해안 또는 그 근처에 거주하고 있습니다. 해수면 상승은 심각한 재앙을 불러일으킬 거예요.

북극이 녹고 있다

녹고 있는 극지방 얼음도 해수면 상승의 주범입니다. 1979년 이후 북극 해빙은 20퍼센트가량 감소했어요. 남극 동쪽 지역 빙상도 실제로 계속 커지고 있습니다. 지구 온난화의 영향으로 태평양의 해류 방향이 변해 남극 서쪽의 찬 기운이 남극 동쪽으로 유입되기 때문으로 알려져 있습니다. 우리가 당장 이산화탄소 배출을 급감시키더라도 해수면은 한동안 상승할 것으로 보입니다.

수방

네덜란드에 있는 이 수방은 해수면 범람을 막기 위해 설계된 것입니다. 하지만 건축 비용이 천문학적이라 모든 나라가 다 감당하기 어려워요.

북극의 현재를 따지자면

· **툰드라**가 녹고 있어 온실가스가 더 많이 발생하고 있습니다.
· 해빙이 녹아 해상 운송이 늘면 탄소 배출 또한 증가합니다.
· 빙하가 녹으면 해수면이 상승합니다.

기후변화를 막아라

1992년 유엔은 브라질 리우데자네이루에서 첫 환경개발회의를 개최했어요. 그 이후 기후변화 때문에 유발되거나 악화하는 물 부족, 악천후, 홍수 같은 문제를 정책 공조를 통해 같이 해결하기로 약속했지요. 그런데 다들 약속을 지키고 있는 걸까요?

2015년 파리 협약은 지구 온도 상승을 2도 이하로 유지하자고 합의했습니다. 몇몇 과학자는 이번 세기 중반까지 탄소 배출을 완전히 중단해야 이런 결과가 가능할 거로 예측합니다.

그린 사업은 이산화탄소를 흡수할 수 있게 숲을 조성하고 이미 존재하는 숲을 보호하는 내용을 포함하고 있습니다. 최근 수십 년 동안 숲은 전 세계 이산화탄소 배출의 30퍼센트를 흡수했습니다.

경제적 조치로는 화석연료에 대한 세금 중과, 국가 간 **탄소 배출권** 거래 등이 있습니다. 각 나라에는 배출할 수 있는 탄소량이 정해져 있는데, 만약 그 제한을 넘어서야 한다면 다른 나라의 할당량에서 배출권을 구매해야 합니다.

대부분의 과학자는 기후변화의 영향에 대해 동의하지만, 정책 결정은 정치인의 손에 달려 있습니다. 정치인이 심각한 조치에 동의하지 않거나 거부할 수 있거든요.

법 집행을 엄정하게 할 필요가 있습니다. 불법적인 벌목과 채굴이 여전히 큰 난제입니다. 전 세계의 30퍼센트의 벌목은 불법적으로 이루어집니다. 남아메리카와 동남아시아의 경우는 80퍼센트가량이 불법이라 합니다. 대부분 불법 범죄 조직에 의해 자행되고 있지요.

수치 분석
기후변화로 악화한 물 부족은 한 나라의 경제성장까지 감소시킬 수 있습니다. 국내 총생산 즉 GDP가 약 6퍼센트가 떨어질 것이라고 내다봅니다.

투발루는 기후변화로 인한 해수면 상승으로 국가의 존망까지 위협받는 대표적인 국가입니다. 몰디브와 나우루공화국도 물에 가라앉을 국가입니다. 투발루는 섬 전체가 해발 4.5m 이하로, 환경 및 기후 전문가 들은 지구 온난화와 해수면 상승 문제가 해결되지 않는다면 2060년대에는 투발루 전 국토가 완전히 침수될 것으로 전망합니다. 사진은 비행기에서 내려다본 투발루의 국제공항 활주로입니다.

> '…기온 상승이 계속된다면 투발루는
> 완전히 종말을 맞게 될 것이다… 우리는 적당한 절충에 그칠 게
> 아니라 미래를 위한 최선의 목표를 잡아야 한다.'
> 2015년, 태평양의 섬 국가 투발루의 총리, 에넬레 소포앙아

3장 깨끗하게 위생적으로

매년 1,500만 톤의 플라스틱 쓰레기가 바다로 유입됩니다. 2025년에는 두 배까지 증가할 것 입니다. 바다에 흘러든 쓰레기 더미를 흔히 '쓰레기 섬(Garbage patch)'이라고 부릅니다. 사람들은 '섬'이라는 단어 때문에 쓰레기 섬을 위성이나 항공 사진으로 쉽게 관찰되리라 생각합니다. 하지만 바다로 유입된 쓰레기는 바람과 해류로 인해 계속 부유하고 섞이기 때문에 쓰레기 섬의 크기와 위치를 정확하게 파악하기가 쉽지 않습니다.

물 과 건강

우리에게 물이란 우리를 생존하게 만드는 깨끗한 것입니다. 하지만 세계의 많은 사람에게 물은 건강하지 못한 것, 심지어 생명에 위협이 되는 것이었습니다. 매년 오염된 물을 마시거나, 그 물로 씻고 요리해서 생긴 질병 때문에 목숨을 잃는 사람이 350만 명이나 됩니다.

안전할까?

2008년 인도 뭄바이 바사이 마을 사람들처럼 어떤 곳에서는 같은 수원(강, 호수, 저수지 같은 곳)에서 씻고, 빨래하고, 마시고, 요리하면서 심지어 그곳에 용변을 보기도 합니다.

어려운 접근

세계의 약 25억 명이 제대로 된 화장실이나 배수 시설이 없는 곳에서 삽니다. 그들은 대개 동떨어진 시골 지역, 도시의 슬럼가에서 살지요. 그럼 그들이나 가축의 배설물이 강이나 지하수로 흘러 들어가게 되고, 우물이 오염되겠죠. 안전하고 깨끗한 물의 공급은 우리 세계가 가장 시급히 해결해야 할 과제입니다.

수치 분석

🚶🚶🚶🚶🚶🚶🚶🚶🚶🚶

세계 인구 중 약 7억 8천3백만 명가량이 깨끗한 물을 공급받지 못합니다. 열 명 중 한 명꼴이죠.

수인성 질병

물이 고인 웅덩이 같은 곳은 모기 유충 같은 곤충의 번식지가 될 수 있어요. 특정한 모기 종에 있는 기생충은 치명적인 말라리아를 옮깁니다. 말라리아로 2015년에만 약 43만 8천 명이 목숨을 잃었지요. 다른 수인성 질병에는 콜레라와 이질이 있습니다. 이 질병은 제대로 된 **하수도**와 급수 시설이 없었던 1860년대 런던이나 파리 같은 대도시에서 창궐했던 적이 있어요. **위생**은 공중 보건에 필수적입니다. 교육에 투자하는 것도 중요해요. 어린이들에게 손 씻기, 물 끓이기의 중요성을 가르쳐야 합니다.

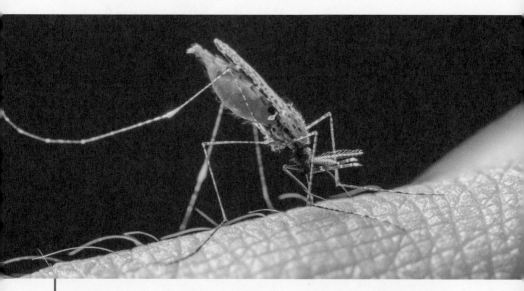

말라리아모기는 전 세계에 460여 종이 있으며, 30~40종이 병을 옮깁니다. 우리나라 말라리아모기는 얼룩날개모기며 배를 쳐들고 앉으므로 다른 모기와 쉽게 구별됩니다.

· 세계의 많은 지역에 설비
되어 있습니다.
· 많은 종류의 질병을 예방합니다.
· 병원과 건강관리에 들어갈 비용을
아껴줍니다.

· 아직도 수백만 명이
접근하지 못합니다.
· 설치 비용이 많이 듭니다.
· 반드시 오염으로부터
보호하여야 합니다.

심각한 오염

공업용 화학물질, 세제, 살충제, 금속, 가정용 쓰레기가 호수, 강, 바다로 흘러 들어갑니다. 그것이 물을 오염시키고 식물, 동물, 인간의 건강을 위협하지요.

죽음의 강

비가 오면 농지에 사용된 비료에서 질소가 씻겨 나가, 강이나 미시시피삼각주 어귀 등으로 흘러듭니다. 질소는 생명을 유지하게 하는 산소 농도를 낮춥니다. 곧 **먹이사슬**이 파괴되고 거대한 지역이 아무것도 살 수 없는 '데드 존'이 되어 버립니다. 1960년대 미국 오하이오주, 쿠야호가강은 너무 오염이 심해 물에 불이 붙기도 했습니다. 미국뿐만 아니라 세계 여러 나라에서 깨끗한 강을 만들기 위한 법이 제정되었지만, 강제적인 법률이 아닌 것이 문제였지요.

인도네시아 자바의 가장 길고 큰 강인 찌따룸강은 심하게 오염되었는데 주민들은 여전히 찌따룸강에 의지하여 생계를 꾸려갑니다.

유독성 물질에 오염된 바다

바다의 오염도 심각합니다. 2010년 미국 멕시코만에서 딥워터 호라이즌 원유 시추기가 폭발하여 460만 배럴의 검은 기름이 바다로 유출되었습니다. 그 결과 물고기와 새가 죽고, 관광 산업과 어업에도 타격이 갔으며 사람들도 독소에 노출되었어요. 2011년 일본의 후쿠시마 다이이치 원전이 침수되어 방사능 오염수가 태평양에 유출된 엄청난 재앙도 있었죠. 이곳은 몇 년이 지난 지금까지도 문제가 해결되지 않고 있습니다.

맹렬한 불길

딥워터 호라이즌의 화재는 미국 최악의 기름 유출 사태를 일으켰어요.

미세플라스틱

미세플라스틱은 1mm도 안 되는 아주 작은 플라스틱 조각입니다. 이런 것은 화장품과 같은 아주 다양한 물품에 사용되고, 생산 공정 중에나 샤워할 때 씻겨 나가 환경을 오염시킵니다.

세계의 바다가 플라스틱으로 가득 차고 있습니다. 쓰레기뿐 아니라 산업용 플라스틱 조각도 있지요. 태평양에 둥둥 떠 있는 거대한 쓰레기 섬이 만들어졌습니다. 이런 것은 물고기나 해양 포유동물이 삼키면 문제가 되지요. 물의 오염은 지구의 생명 유지 장치가 오염되는 것이나 마찬가지입니다.

오염 방지를 위한 인류의 활동을 따지자면

· 도시를 정화하기 위한 새로운 법을 제정합니다.
· 깨끗해진 강으로 물고기가 돌아옵니다.
· 국제법으로 바다에 쓰레기 투기를 금지하고 있습니다.

· 유출된 기름을 치우는 데 수십 조 원의 돈이 들 수 있습니다.
· 원유 회사는 여전히 북극해를 시추하고 싶어 합니다.
· 인간과 기계가 일으키는 소음 역시 해양 생물에게 해를 줍니다.

수치 분석

아마존은 바다로 흘러 들어가는 지구의 모든 담수 가운데 25퍼센트를 차지하고 있습니다.

이키토스

레티시아

아마존

차차포야스

타라포토

Pacaya-Samiria
National Reserve

푸칼파

아크레

페루

히우브랑쿠

세로데파스코

Alto Purus
National Park

위협받는 열대우림

아마존은 약 705만km²에 달하는 열대 지역으로 매초 2억 9백만 리터의 물을 대서양에 쏟아 붓습니다. 그런데 이런 아마존의 열대우림이 불법 벌목업자와 목장 경영인들에게 공격을 받고 있어요. 곳곳에서는 채광업자들이 소중한 물을 오염시키고 있고요.

자우 국립공원

마나우스　　　　파린칭스　　산타렘

알타미라

파라

Terra Indigena
Trombetas/
Mapuera

Terra Indigena
Waimiri-Atroari

Estação Ecológica
da Terra do Meio

Terra Indigena
Munduruku

Juruena
National Park

Terra Indigena
Kayapó

르투 벨류

흐도니아 주

지-파라나

mapbox　Google Earth Engine

zoom: 5.48　　lat, lon: -4.22670, -64

DEFAU

비정부기구인 글로벌포레스트와치(GlobalForestWatch)에 의하면 지난 2019
년 5월에만 축구장 9,600여개 넓이(6880ha)의 아마존 열대우림이 파괴되었
다고 합니다. 녹색이 열대우림을 나타내고, 붉은 점이 파괴된 산림지역을
나타냅니다. 원래는 붉은 점이 없었습니다. 브라질 정부의 개발 우선 정책
이 빚은 참사라고 할 수 있습니다.

페루의 아마존 지역에 약 3만 명의 광부가 처음으로 들어온 때는 1980년대입니다.

1990년대부터 불법 채광업자들이 얼굴을 내밀기 시작했습니다. 그들은 금을 캐기 위해 유독한 수은을 사용했습니다. 약 5만 헥타르의 열대우림과 강이 파괴되었지요.

수은은 현지인이 먹는 물고기의 몸에도 축적이 되었습니다. 강과 공기, 토양을 오염시켰습니다. 독성 있는 물은 사람의 몸에까지 축적이 되었습니다.

하지만 채광업자의 열대 우림 파괴는 시작에 불과했습니다. 목장 경영인은 브라질의 숲을 불태워 밀어 버렸고, 자신들의 길을 막는 순박한 **토착**민과 환경운동가를 죽일 기세였지요.

페루의 강을 오염시킨 것도 불법 채광업자이었습니다. 하지만 페루인은 절망적일 정도로 돈이 없었고, 채광이 끝난 뒤 그 지역의 오염 물질을 제거할 경제적 능력이 없었습니다.

4장 물을 어떻게 사용해야 할까?

미국 캔자스주 서부 밀밭에서 거대한 스프링클러를 이용해 물을 뿌리고 있는 장면입니다. 이 물은 어디서 나오기에 사막을 밀밭으로 개간했을까요? 바로 땅 밑 오갈랄라 대수층에서 나온 물이었습니다. 오갈랄라 대수층은 총 45만 km²에 이르는 세계 최대의 대수층입니다. 1930년대 개발 이후 50년간 미국 관개 농업의 중요한 수자원으로 이용되었습니다. 그러나 현재 고갈 위기에 처해 있습니다. 대수층의 물이 고갈될 경우 막대한 경제적 손실이 우려되는 것은 차치하고 땅이 내려앉고 지하수면이 오염됩니다.

농업 과 농작물

물은 우리 생명을 유지하고 식량을 기르는 데에 필수적입니다. 따로 물을 주지 않아도 자연적으로 자라는 농작물도 있지만, 어떤 것은 수로나 스프레이, 파이프로 급수를 해 주어야 하지요. 특히 밀, 사탕수수, 목화 같은 것은 건조한 곳에서 자랍니다. 하지만 특정 종류의 벼는 자라는 데 물이 가득 들어찬 논이 필요하며, 물론 물이 얕은 논이나 계단식 논에서 자라는 농작물도 있습니다.

관개시설의 문제점

관개시설의 물이 증발하거나 파이프가 새면 물이 낭비될 수 있습니다. 과한 관개시설은 지하수면을 상승시킬 수도 있지요. 이렇게 되면 때로는 토양에 염분기 있는 미네랄이 용해되어 흙 표면이 딱딱해질 수 있습니다. 논이나 밭에 물을 댄다고 너무 많은 물을 뽑아 쓰면 심각한 재앙을 초래할 수 있습니다. 세계에서 네 번째로 큰 호수였던 아랄 해는 중앙아시아 목화밭에 물을 끌어다 쓰느라 거의 마를 위기에 처했습니다. 농부에게는 이득이었을지 모르겠지만 호수 주변 거주민이나 어부에게는 끔찍한 재앙인 거죠. 그 주변은 사막 지대가 되었거든요.

사막이었던 미국 캘리포니아 일부 지역(왼쪽)은 인공적인 관개시설 덕분에 비옥한 농경지로 변했습니다. 물론 엄청난 양의 물이 있어야 했습니다. 4장의 사진처럼 말입니다.

목마른 농장

소나 다른 농장 동물에게도 마실 물이 필요합니다. 또 그들이 먹을 농작물을 키우는 데도 물이 필요하지요. 접근 가능한 세계의 담수 중 약 69퍼센트가 농수로 사용되고 있습니다.

아랄해의 재앙

아랄해는 국제법상 바다이기도 하고, 호수이기는 하나 사실상 호수입니다. 아랄해가 환경파괴의 위험과 심각성을 제대로 보여주는 지역이 되기 시작한 해는 1960년입니다. 옛 소련이 목화를 대량으로 재배하기 위해 아무다리야강(Amu Darya)과 시르다리야강(Syr Darya)에 댐을 쌓기 시작했습니다. 이 댐이 건설되자 아랄해는 급속히 줄기 시작했습니다. 피해는 단순히 어부에게만 국한되지 않았습니다. 주변 기후가 변했다는 게 더 큰 문제였습니다. 마른 호수 바닥은 낮에는 끓어오르듯 뜨거워지고 밤에는 얼어붙듯 차가워졌습니다. 이 때문에 여름이 줄고 날이 더 뜨거워졌습니다. 강우량이 줄어들어 되레 목화 재배에 타격을 주었습니다. 아무다리야강 유역의 숲은 황폐해졌고, 각종 동물이 자취를 감추었습니다. 본래 호수였던 곳이 소금 사막이 되자 소금기가 섞인 모래바람이 날아가 주변국 농토까지 위협했습니다. 토양에 날아와 묻은 소금을 제거하기 위해 더 많은 물을 소비해야 했고, 이 소

한때 아랄해를 주름잡던 어선들이 점점 주는 물 때문에 물 밖에 버려져 있습니다.

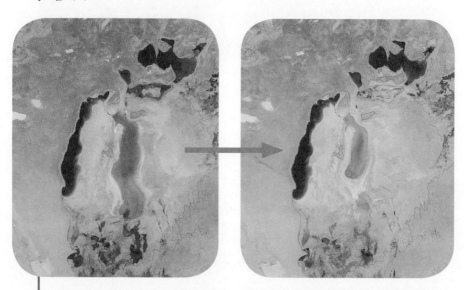

왼쪽은 아랄해의 물의 양을 보여주는 사진이고, 오른쪽은 2011년 아랄해의 모습을 보여주는 사진입니다. 일 년 만에 확연히 줄어든 물의 양을 볼 수 있습니다.

짠물은 토양에 침투하거나 다시 아랄해로 흘러 들어가 염도를 가중시켰습니다. 이러한 문제 때문에 정작 바랐던 목화 재배량의 증가는 날이 갈수록 줄어들었습니다.

가축에 대해 따지자면

· 전 세계의 가축 수는 200억 마리 정도 됩니다.
· 농작물로 만든 사료와 물이 필요합니다.
· 우리에게 고기와 털 그 외 여러 부산물을 제공합니다.

· 0.5킬로그램의 소고기를 먹기 위해 우리는 약 6,800리터의 물을 소비해야 합니다.
· 곡식이나 채소 작물에 비해 가성비가 작습니다.
· 다른 농작물을 키우던 땅을 사용해야 합니다.

도시와 산업

담수의 약 8퍼센트가 집, 사무실, 음식점, 공공시설, 위생 시설, 수영장 등 도시에서 사용됩니다. 그러나 어떤 도시는 물 공급이 쉽지 않은 곳에 건설되어 미래에 심각한 물 부족에 직면할 것으로 보입니다.

라스베이거스는 어마어마한 양의 물을 소비합니다. 때로는 오로지 오락의 목적으로 사용합니다. 이 도시의 주변은 사막인데도 말이죠.

사진은 네바다주 라스베이거스로 가는 파이어 스테이트 파크밸리 도로입니다. 라스베이거스는 이처럼 주변이 온통 사막입니다.

누구에게 물을 공급할 것인가?

미국의 라스베이거스라는 도시는 하루에 한 사람당 629리터의 물을 사용합니다. 건조한 지역에 위치해 있는데 인구가 점점 늘고 있습니다. 콜로라도강을 막아서 만든 미드 호수가 주요 상수원인데 점점 그 수위가 줄고 있습니다.

호주의 애들레이드라는 도시는 머레이달링강을 상수원으로 사용합니다. 수많은 용도로 물이 사용되기 때문에 가뭄이 심할 때는 물 공급이 중단될 수 있습니다. 이럴 경우 누구에게 우선권을 줘야 할까요? 도시 거주자? 아니면 농장? 상류에 있는 포도밭?

제지공장과 광산

담수의 약 23퍼센트가 채굴, 금속, 화학, **석유화학** 등 산업 분야에 소모됩니다. 냉각, 희석, 용해, 증기 처리, 세정, 가공 등에 사용하는 것입니다. 컴퓨터 산업의 경우에는 실리콘 칩을 생산하기 위해 고순도 정제수가 필요합니다. 물을 낭비하지 않는 게 중요합니다. 물 부족은 농장뿐만 아니라 공장에도 난처한 일이니까요.

낮은 수위

미드 호수 주변에 하얀 띠가 생겼습니다. 물의 수요가 느는데 강수량이 줄자 저수지의 수위가 낮아진 것이죠.

수치 분석

종이와 펄프를 생산하는 제지공장은 각각 1톤의 종이와 펄프를 만들어내
기 위해 54m^{3}의 물을 사용합니다.

관광산업의 장단점을 따지자면

· 세상의 밝은 곳으로
사람들을 끌어드립니다.

· 지역 경제를 부양하고 일자리를
만듭니다.

· 물 공급을 위해 새로운 시추공을
뚫습니다.

· 물이 부족하거나
건조한 지역에서도 막대한 양의
물이 사용됩니다.

· 해양 환경을 오염시키고
어지럽힙니다.

· 관광의 증가는 지구 온난화를
가속화시킵니다.

물의 힘

2,000년 전 수차가 발명된 이후 물은 줄곧 인류의 주요 동력원으로 기능해 왔습니다. 현대의 **화력발전소**에서도 물을 끓여 수증기로 **터빈**을 돌리고 물을 냉각수로 사용합니다. 수력발전의 경우엔 물의 힘 그 자체로 터빈을 돌려 전기를 만들어 냅니다.

댐과 주민

수력발전은 가장 널리 사용되는 **재생에너지**로 세계 총발전량의 16퍼센트를 책임지고 있습니다. 수력발전은 공정 중에 온실가스를 배출하지 않기 때문에, 2050년까지 생산량을 두 배 늘릴 계획입니다. 수력발전 터빈을 큰 댐에 설치해 놓고 저수지 물을 방류할 때 작동시키기도 합니다. 중국 양쯔강의 싼샤댐은 32개의 거대 터빈이 전기를 만들어 냅니다. 이 댐은 하류의 홍수 예방에도 역할을 하고 있습니다. 하지만 이 엄청나게 큰 댐 때문에 문제도 발생했습니다. 130만 명이 집을 잃었고, 중요한 고고학 유적이 수장되었으며 산사태의 위험도 증가하고 환경에도 해를 입혔지요.

싼샤 벨리 양쯔강 인근의 바동마을에 한가로이 살던 이 사람은 어느 날 갑자기 이사를 해야 했습니다. 중국 후베이성의 싼샤댐 건설 프로젝트 때문이었습니다.

중국의 거대한 싼샤댐은 2003년 문을 열었습니다. 어떤 이는 이 댐의 어마어마한 물의 양이 이 지역 지진을 촉발했다고 믿고 있습니다. 위 사진은 구글맵으로 본 샨사댐입니다.

조력과 파력

해안가의 다리나 보에 터빈을 설치하여 밀물과 썰물의 흐름을 이용해 전기를 생산할 수 있습니다. 기발한 기계와 부표를 이용해 파력발전 변환기라는 걸 만들기도 했습니다. 파도의 움직임을 이용해 전기를 만드는 거죠. 아직 널리 사용되고 있지는 않지만, 가능성이 보입니다.

파력

펠라미스 파력발전 변환기는 뱀처럼 생긴 커다란 장치로 파도의 상하 운동을 이용하여 전기를 만듭니다.

수력발전의 장단점을 따지자면

· 지속 가능한 동력원입니다.
· 깨끗하며 한 번 짓고 나면 더는 온실가스를 배출하지 않습니다.
· 규모와 관계없이 전기 생산이 가능합니다.

· 종종 거대한 댐이 환경을 해칩니다.
· 댐 건설 사용되는 콘크리트를 만들 때 탄소 배출이 심합니다.
· 강을 다른 경제적 용도로 사용할 수 없게 만듭니다.

물을 현명하게 사용하려면

지구는 본래 물을 재활용하는 거대한 머신입니다. 그러나 기후변화, 오염, 가뭄 때문에 이 자연적인 시스템이 고장 날 위기에 처했습니다. 그렇다면 우리가 개인적으로 할 수 있는 일은 어떤 게 있을까요? 오염을 막자는 캠페인을 하거나 기름 유출이 생겼을 때 항의 시위를 할 수 있어요. 하지만 물의 낭비를 막기 위해 매일 일상에서 할 수 있는 일도 많습니다.

수치 분석

영국에서만 상수관 파열과 낡은 파이프 때문에 낭비되는 물이 매일 욕조 1400만 개 분량으로 추정됩니다.

요즘은 많은 욕실에 1분에 20리터가 아닌 7리터의 물을 사용하는 효율적인 샤워 장치를 설비하고 있습니다. 보일러 가동으로 배출되는 이산화탄소 양도 줄이고 물 낭비도 막을 수 있지요.

요즘 세탁기는 예전보다 훨씬 다양한 세팅을 할 수 있어서 '절수 모드'를 선택하면 많은 양의 물을 절약할 수 있습니다. 식기세척기도 마찬가지고요. 싱크대에서 설거지할 때 물을 흘려보내지 말고 마개로 막아두고 하세요.

절수형 변기를 사용하면 각 가정에서 매해 6,000리터의 물을 절약할 수 있습니다.
최신형 샤워기, 세탁기, 식기세척기는 가격이 비쌉니다. 그래서 우리들 대부분이 효율적이지 못한 구모델을 사용하고 있지요.

물은 낭비하기 쉽습니다. 그래서 우리 모두 때때로 물을 낭비합니다. 식기 세척기가 반밖에 차지 않았는데 작동시키거나, 물 반 주전자만 필요한데 한 주전자를 다 끓인다거나, 샤워만 해도 될 걸 목욕을 하지요.

가정에서의 물 사용
이 도표는 주요국의 평범한 가정에서 물을 어떻게 사용하고 있는지 보여 줍니다.

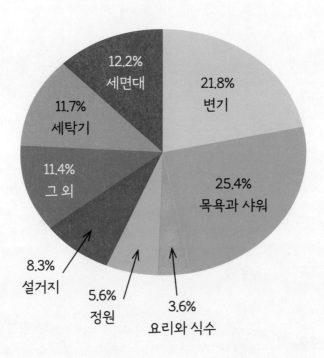

5장 소중한 자원

이 물병의 주인은 누굴까요? 이 물병을 버리고 간 사람일까요?
이 물병이 놓인 땅의 주인일까요? 아니면 우리 모두의 것일까요?
누구의 소유도 아니지 않을까요? 그럼 이 물병을 누가 지킬까요?

물 은 누구의 것인가?

물의 주인이 누구인가 하는 질문은 태곳적 이래 항시 중요한 것이었습니다. 물이 생존 문제가 될 수 있는 건조한 지역에서는 더욱더 절체절명한 주제였죠. 물 부족은 사람들을 갈등을 불러일으키지만, 협력과 공유도 가능하게 합니다.

물과 법

많은 나라에서는 법적으로 물 주변의 땅을 소유하고 있으면 그 사람을 물의 소유자로 여겼습니다. 그들이 소위 **수리권**을 가져 마음대로 그 물을 사용해도 된다고 간주했죠. 하지만 어떤 지역에서는 지역 사회나 국가가 물을 소유한 채 물에 접근하거나 사용할 사람들에게 허가증을 발급하여 주기도 했습니다. 어떤 곳에서는 강의 경계에 있는 땅을 소유하고 있으면 강의 소유권까지 인정해 줍니다.

사유화 혹은 공유화?

물 공급은 공공서비스로 운영할 수도 있고 민간 회사가 맡아 할 수도 있습니다. 민간 공급자는 보통 저개발국에서 활동하면서, 평범한 사람이 깨끗한 상수도 시설에 쉽게 접근할 수 있도록 도와준다고 말합니다. 하지만 물 사유화에 반대하는 사람은 이런 회사는 생존에 필수적인 물을 이용하여 이윤을 추구할 뿐이라고 주장합니다. 또 물을 석유나 목재같이 상품화하면 안 된다고 주장합니다. 볼리비아에서는 물의 사유화로 빈곤이 증가했습니다. 결국 여론이 지지하는 항의와 시위 끝에 다시 공유화로 돌아섰습니다.

물을 달라는 시위 : 엘알토

2005년 볼리비아의 엘알토 시민은 물 공급을 독점한 외국계 회사에 대한 항의 시위를 열었습니다.

민간 수도 회사의 장단점을 따지자면

· 공공 기관보다 더 싼 가격에
공급한다고 주장합니다.
· 대부분의 정부와는 달리 다음 선거
이후를 생각합니다.
· 여러 국가에서 활동한 경험이
있는 전문가를 보유하고
있습니다.

· 공급을 독점하며 경쟁사가
없습니다.
· 사람들보다 이윤이 우선인
경향이 있습니다.
· 상업적 이윤이 충돌하기도
합니다.

물은 인권이다

세계 일부 지역에서는 깨끗하고 안전한 물을 얻는 것이 불가능하다는 것을 염두에 둡시다. 수도꼭지를 통해 나오는 물조차 말이에요. 물 낭비를 막는 것도 중요하지만 물이 절실히 필요한 사람들에게 깨끗한 물을 제공하는 일만큼 중요한 것은 없습니다. 물에 대한 접근을 인간의 필수 권리로 간주하는 것은 너무나 당연한 일입니다.

물을 가질 권리

이 포스터는 전 세계의 깨끗한 식수와 위생을 위해 활동하는 유럽의 한 단체(국제공공부문노동조합연맹)가 만든 것입니다.

보편적인 인간의 권리는 전 세계 사람이 제대로 된 삶을 사는 데 필요로 하는 기본적 욕구입니다.

2010년 유엔은 물에 대한 권리를 모든 사람이 개인과 가정을 위해 충분하고, 안전하며, 물리적으로 수자원에 접근할 수 있는 권리라고 규정했습니다.

산소와 마찬가지로 물도 생존과 건강, 번영을 위해 우리 모두에게 필수적인 것입니다. 이런 이유로 물에 대한 권리는 중요하고 보편적인 인권으로 여겨져야 합니다.

물을 인권이 아닌, 사거나 팔 수 있는 다른 상품처럼 취급하면 안 되는 걸까요?

물이 상품이 아니라면, 왜 미국인은 2015년 동안 매주 0.5리터들이 물병을 17억 개나 샀을까요? 그냥 수도꼭지를 틀면 될 것을.

'물에 대한 권리는 인간이 존엄성을 가지고 삶을 영위하는 데 필수불가결하다. 다른 인권을 실현하기 위한 전제 조건이다.'

유엔 결의안, 2010

6장 물의 미래

물 의 미래

1800년에 세계에는 약 10억 명의 인구가 살았습니다. 200여 년이 지난 뒤 세계 인구는 60억이 되었습니다. 현재는 75억이며 지금도 증가하고 있습니다. 2083년에는 100억 명이 될 것입니다. 인구 시계가 폭주하고 있는 동시에 기후변화 시계도 달리고 있습니다. 이건 정말 치명적인 조합이죠.

바탕에 깔린 사진은 홍콩의 좁은 지역에 가득 들어찬 고층 빌딩의 모습입니다. 이렇게 좁은 지역에 많은 인구가 모여 살면 물의 수요가 더욱더 폭발적으로 증가할 수밖에 없습니다.

이동 중인 사람들

지금도 도시화가 진행 중이지요. 오랜 시간 동안 세계의 사람들은 시골에서 도시로 이주하고 있습니다. 동시에 아시아와 북아메리카에서는 전쟁, 자연 재해, 가난 때문에 어쩔 수 없이 집을 나와 사는 사람들도 있고요.

물을 생각하자

1 in 9
people on the planet
live with water stress

1 in 2
will live with water
stress by 2025

지금은 열 명 가운데 한 명이 물 때문에 스트레스를 받지만, 2025년에는 둘 중의 한 명이 물 공급에 대한 스트레스를 받을 전망입니다.

지금 현재 물은 인류 미래 설계의 중심을 차지하고 있습니다. 물은 세계의 경제, 지역 경제, 도시, 공중 보건, 환경에 모두 영향을 줍니다. 우리는 물 부족, 홍수, 해수면 상승에 대한 대비를 좀더 철저하게 해야 합니다. 물을 잘 관리하지 못하면 물이 우리를 관리하게 됩니다. 하지만 우리가 물을 지킬 수 있다면 우리 스스로를 지킬 수 있을 것입니다.

용어 설명

담수 자연적으로 발생한 물. 빙하, 강, 호수 등에 있는 것으로 소금기가 없다.

한정적 제한이나 끝이 있다는 뜻. 우리가 사용할 수 있는 물은 한정적이다.

영양분 식물이나 동물이 사는 데 필요한 성분. 물을 마시면 음식의 영양분을 세포까지 전달하는 데 도움을 준다.

강수 구름에서 비나 우박, 눈, 진눈깨비 형태로 구름에서 떨어지는 물

증발 액체가 기체로 바뀌는 것.

대수층 지하수가 있는 지층이다. 경제적으로 개발할 수 있는 지층이 있고, 없는 지층이 있다. 천부대수층의 경우 생활용수나 관개용수 공급에 사용되며, 강수에 의해 영향을 받는다.

지하수면 땅속 대수층의 표면

지속 가능한 일정 수준으로 공급되고 유지될 수 있는. 물의 공급은 지속 가능해야 한다.

담수화 바닷물에서 염분을 제거하는 것.

가뭄 평균 이하의 비가 내려 물이 부족해지는 시기. 며칠, 몇 달, 몇 년 동안 이어질 수 있다.

유엔 국제 연합. 전쟁을 막고 국제적인 협력을 고취하기 위해 만든 국제 평화 기구.

날씨와 기후 비가 오거나 개거나, 덥거나 춥거나 하는 등 그날그날의 대기 상태를 '날씨'라고 한다. '기후'는 어떤 지역에서 일정한 기간의 날씨 변화를 관찰하여 평균을 낸 것을 말한다.

빙하기 기온이 매우 낮고 세계의 대부분이 빙하로 덮여 있었던 시절

온실가스 태양 에너지를 공기 중에 가두어 지구 표면과 공기를 뜨겁게 만드는 가스. 가장 흔한 온실가스는 수증기, 이산화탄소, 메탄이다.

집약 농업 화학 물질과 기계를 이용하여 많은 양의 농작물을 생산하는 농업 방식

건조 지대 강수량이 증발량보다 적어 식물이 자라기 어려운 사막지대를 말한다.

툰드라 넓고 편평하며 나무가 없는 북극 지역으로 늘 땅이 얼어 있다.

탄소 배출권 지구온난화를 유발하는 온실가스를 배출할 수 있는 권리. 교토의정서 가입국은 할당된 양만큼만 이산화탄소를 배출할 수 있다. 이산화탄소 배출량이 많은 기업은 기술개발로 배출량을 줄이거나 여유분의 배출권을 소유한 기업으로부터 그 권리를 사서 해결해야 한다. 탄소 배출권은 유엔기후변화협약(UNFCCC : UN Framework Convention on Climate Change)에서 발급한다.

하수도 쓰고 난 물이나 쓰레기 등이 흘러가도록 만든 지하수로나 파이프

위생 건강에 유의하도록 조건을 갖추거나 대책을 세우는 일. 특히 깨끗한 식수 공급과 적절한 하수 처리가 중요하다.

먹이사슬 먹이를 중심으로 이어진 식물과 동물의 관계. 각각은 먹이사슬 아래에 있는 것을 먹이로 소비한다.

토착 다른 곳에서 온 게 아니라 그 장소나 나라에 원래부터 존재했던 것

관개 농작물과 식물이 자랄 수 있도록 땅에 인위적으로 물을 대는 것

석유화학 석유나 천연 가스에서 얻은 화학 성분

화력발전 서로 다른 온도를 이용하여 전기를 만들어 내는 것. 현대 화력발전소에서 물을 데워 증기의 형태로 터빈을 돌리고 냉각수로 사용한다.

터빈 끊임없는 동력을 만들어 내는 기계. 때로는 빠른 물살로 바퀴나 날개를 회전시켜 기계를 돌린다.

수력발전 물의 흐름, 물의 힘을 이용하여 터빈을 돌려서 전기를 만들어 내는 것

재생에너지 석유나 석탄 같은 유한 자원이 아닌, 바람, 물, 태양광 등 지속 가능한 자원으로 만들어진 에너지

수리권 하천이나 물을 사용할 권리

찾아보기

내인생의책 은 한 권의 책을 만들 때마다
우리 아이들이 나중에 자라 이 책이 '내 인생의 책'이라고 말할 수 있는 책을 만들고자 합니다.

세상에 대하여 우리가 더 잘 알아야 할 교양

(83) 물 아직도 부족할까?

필립 스틸 글 | 윤영 옮김

초판 인쇄일 2020년 7월 28일 | 초판 발행일 2020년 8월 11일
펴낸이 조기룡 | 펴낸곳 내인생의책 | 등록번호 제10-2315호
주소 서울시 성동구 연무장5가길 7 현대테라스타워 E동 1403호
전화 02) 335-0449, 335-0445 (편집) | 팩스 02) 6499-1165
전자 우편 bookinmylife@naver.com | 홈페이지 http://bookinmylife.com

QUESTION IT! Series
6. WATER
Copyright ⓒ Wayland, 2017
All rights reserved.

Korean Translation Copyright ⓒ 2020 by THE BOOKINMYLIFE
Korean edition is published by arrangement with Hodder and Stoughton Limited
through Imprima Korea Agency

이 책의 한국어판 저작권은 Imprima Korea Agency를 통해
Hodder and Stoughton Limted와의 독점 계약으로 ㈜내인생의책에 있습니다.
저작권법에 의해 한국 내에서 보호를 받는 저작물이므로
무단전재와 무단복제를 금합니다.

ISBN 979-11-5723-633-6 (44300)
      979-11-5723-620-6 (세트)

책값은 뒤표지에 있습니다. 잘못된 책은 구입처에서 바꾸어 드립니다.

이 도서의 국립중앙도서관 출판예정도서목록(CIP)은 서지정보유통지원시스템 홈페이지(http://seoji.nl.go.kr)와
국가자료종합목록 구축시스템(http://kolis-net.nl.go.kr)에서 이용하실 수 있습니다. (CIP제어번호 : CIP2020028815)

내인생의책에서는 참신한 발상, 따뜻한 시선을 가진 원고를 기다리고 있습니다.
원고는 나무의 목숨값에 해당하는 가치를 지녔으면 합니다.
원고는 내인생의책 전자우편이나 홈페이지를 이용해 보내 주세요.

어린이제품 안전 특별법에 의한 제품 표시
제조자명 내인생의책 | **제조 연월** 2020년 7월 | **제조국** 대한민국 | **사용연령** 5세 이상 어린이 제품
주소 및 연락처 서울시 성동구 연무장5가길 7 현대테라스타워 E동 1403호 02) 335-0449